Was ist Lernen an Stationen?

Beim Lernen an Stationen handelt es sich um eine Form selbstständigen Arbeitens, bei der
- ☐ unterschiedliche Lernvoraussetzungen,
- ☐ unterschiedliche Zugänge und Betrachtungsweisen,
- ☐ unterschiedliches Lern- und Arbeitstempo
- ☐ und häufig fächerübergreifendes Arbeiten

berücksichtigt werden.

Grundidee

Den Kindern werden Arbeitsstationen zur individuellen Bearbeitung angeboten, an denen sie selbstständig, in beliebiger Abfolge und meist auch in frei gewählter Sozialform entsprechend ihren Möglichkeiten und Fähigkeiten arbeiten. Damit soll ihnen optimales Lernen und Üben ermöglicht werden.

Herkunft und Entwicklung

Die Idee des Lernens an Stationen, auch Lernzirkel genannt, kommt ursprünglich aus dem Sportbereich. Das „circuit training", von Morgan und Adamson 1952 in England entwickelt, stellt den Sportlern unterschiedliche Übungsstationen zur Verfügung, die sie der Reihe nach oder in freier Auswahl durchlaufen.
Eine Übertragung dieser Lernform auf Unterrichtsinhalte in verschiedenen Fächern wurde zunächst an der Schallenbergschule in Aidlingen/Baden-Württemberg, später am Seminar für schulpraktische Ausbildung in Sindelfingen und seit etwa 1980 an vielen Schulen aufgegriffen und stetig weiterentwickelt.
Der Herausgeber und die Autoren stellen die Ergebnisse ihrer eigenen praktischen Arbeit und Erfahrung in dieser Reihe vor und bieten ihre Materialien als Grundlage für den direkten Einsatz oder als Grundlage für eine Anpassung an eigene Bedürfnisse an.

Zielrichtungen

Das Lernen an Stationen kann unterschiedliche Ziele verfolgen:
- ☐ durch ein breites Angebot optimales Üben ermöglichen, das die verschiedenen Lerneingangskanäle, allgemeine Übungsgesetze, unterschiedliche Aufgabenarten, Schwierigkeiten und Hilfestellungen berücksichtigt,
- ☐ vertiefendes Bearbeiten eines Inhalts beziehungsweise eines Themengebietes, indem Kinder nach zuvor gestalteter Übersicht oder Einführung die Inhalte auf ihre Art, mit ihren Möglichkeiten und in ihrem individuellen Tempo auf unterschiedlichen Ebenen selbstständig bearbeiten,
- ☐ selbstständig Themengebiete erarbeiten, indem die Kinder durch angemessene Arbeitsangebote Sachverhalte hinterfragen, erforschen, erfahren, gestalten usw.,
- ☐ Angebote aus Schulbüchern oder Medien unter ganzheitlicher Betrachtungsweise aufarbeiten, indem die Kinder Aufgabenstellungen zu Teilgebieten mit unterschiedlicher Betrachtungsweise und auf unterschiedlichen Ebenen fächerübergreifend bearbeiten.

Organisation

Die einzelnen Arbeitsaufträge geben den Kindern klare oder offene Aufgabenstellungen mit eindeutigen Anweisungen. Die Angebote werden im Klassenzimmer zur Verfügung gestellt, indem der Arbeitsauftrag durch Aushängen oder Auslegen bereitgestellt wird. Dazu bietet sich zum Schutz das Verpacken in Prospekthüllen an.
Als Ort zum Aushängen eignen sich alle Wand- und zum Teil auch die Fensterflächen. Pinn-Nadeln oder Nägel (Nagelleisten) erleichtern das Aufhängen und Abnehmen. Beim Auslegen der Arbeitsangebote bzw. -aufträge helfen Ablagekörbe, Ordnung zu halten.
Das Bereitstellen außerhalb der Schülerarbeitstische (also auf Fensterbänken, Nebentischen oder durch Aufhängen) erübrigt das tägliche Aufbauen und Wiederabräumen, stellt also eine große zeitliche und organisatorische Erleichterung dar. Falls im „Fachlehrerbetrieb" der ständige Abbau nötig ist, sind ineinander stapelbare Ablagekörbe, in denen die Aufträge verbleiben, sehr hilfreich.
Die Kennzeichnung der einzelnen Stationen durch Ziffern, Buchstaben oder Symbole hilft den Kindern bei der Orientierung. Durch bewusste Verwendung dieser Ordnungsangebote kann die Struktur des Themengebietes oder eine andere Struktur (z. B. Arbeitsform o. Ä.) gleichzeitig verdeutlicht werden.

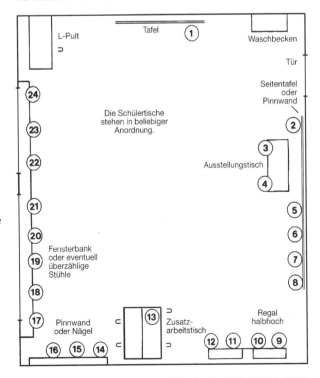

Eine Fortschrittsliste bzw. ein Laufzettel gibt Kindern wie Lehrkräften jederzeit eine Rückmeldung über den derzeitigen Bearbeitungsstand und dient der Übersicht.

Bearbeitungsdauer
Die tägliche Bearbeitungszeit sollte in der Regel etwa eine, im Höchstfall bis zu zwei Unterrichtsstunden betragen. Der insgesamt mögliche Zeitrahmen ist den folgenden Hinweisen zur aktuellen Thematik zu entnehmen.

Auswahlangebote
Den Kindern ist sinnvollerweise ein Auswahlangebot zu ermöglichen. Minimalanforderungen können von der Lehrerin oder dem Lehrer definiert werden. Als Orientierungshilfe finden Sie dazu in den Hinweisen zu diesem Themenheft weitere Angaben.

Einführung
Eine besondere Einführung erübrigt sich meist, wenn die Kinder bereits vor Beginn der eigentlichen Arbeit die Stationen und ausgelegten Materialien ansehen können. Die kindliche Neugier sowie gegenseitige Informationen und Gespräche machen dann nur noch in seltenen Fällen eine Vorstellung einzelner Stationen und die erstmalige Zuweisung der Anfangsstation erforderlich.

Sonstige Tipps
Organisatorische Bedingungen und Festlegungen sind möglichst an der konkreten Situation und erst beim tatsächlichen Bedarf zu klären und zu regeln. Ist die Klassenstärke größer als die Anzahl der zur Verfügung stehenden Arbeitsstationen, können Sie die einzelnen Arbeitsaufträge mehrfach anfertigen. Weitere Hinweise zur Organisation, zu den Inhalten und zum Lernen an Stationen allgemein finden Sie im Einführungsband zu dieser Reihe, der unter dem Titel *Lernen an Stationen in der Grundschule. Ein Weg zum kindgerechten Lernen* beim Cornelsen Verlag Scriptor (ISBN 3-589-21108-3) erschienen ist.

Roland Bauer
(Herausgeber)

Allgemeine Hinweise zu diesem Themenheft

Die Stationen des Themenheftes sind in fünf Bereiche eingeteilt:
☐ Tierverhalten im Winter
☐ Tiergeschichten zum Lesen und Schreiben
☐ Tierbasteleien
☐ Tiermusik
☐ Tierquiz

Die Bereiche können den Unterrichtsfächern Sachkunde, Deutsch, Kunst und Musik zugeordnet werden. Der 5. Bereich ist ein Wissensspiel, mit dem die Lernergebnisse auf spielerische Weise gesichert werden können. So ist es möglich, Stationen zu einem Fach problemlos herauszulösen. Es können natürlich auch weitere Fächer in den Themenkreis aufgenommen werden.

Für die Stationen des sachkundlichen Bereiches war es notwendig, eine gezielte Auswahl der Tiere zu treffen. Für jede Überwinterungsart steht daher ein typischer Vertreter. Das ist ein Tier, das in der Regel jedem Schüler bekannt ist. Bei den Vögeln sind wir anders vorgegangen. Unsere einheimische Vogelwelt ist so vielfältig, dass uns hier *ein* Vertreter zu wenig erschien. Es ist uns wichtig, dass die Kinder zumindest einige wenige Vögel sicher erkennen lernen. So haben wir uns für sechs Standvögel und für sechs Zugvögel entschieden.

Für das Fach Deutsch empfehlen wir eine **Lesekiste**. Zu vereinbarten Zeiten stellen die Schüler ihre gewählten und geübten Lesetexte vor. So wird vermieden, dass nur ein Lesetext aus dem Lesebuch wieder und wieder angehört werden muss. Für die Rechtschreibung haben wir zwei Texte vorgesehen. Ein Text kann vom Schwierigkeitsgrad her in der dritten Klasse angeboten werden.

Der längere Text ist für eine vierte Klasse gedacht. Natürlich können auch beide Texte ausgelegt werden, und den Schülern wird freigestellt, welchen Text sie bearbeiten möchten.

Bearbeitungshinweise
Die Inhalte der angebotenen Aufgaben sind so gestellt, dass sie sowohl im 3. als auch im 4. Schuljahr bearbeitet werden können. Denkbar wäre aber auch, beiden Klassenstufen gemeinsam die Stationen anzubieten. Damit wäre verstärkt ein zusätzlicher Lernaspekt gegeben: der des Fragens und Erklärens.

Alle Aufgaben sind so gestellt, dass sie von den Schülern allein bewältigt werden können. Wir halten es jedoch für wünschenswert, dass sich Paare oder kleine Gruppen bilden. Die einzelnen Stationen können in beliebiger Reihenfolge bearbeitet werden, da jede Station in sich geschlossen ist.

Die gestalteten Arbeitsblätter können zunächst in einer Mappe o.Ä. gesammelt werden. Es hat sich in unseren Klassen darüber hinaus sehr bewährt, jedem Kind aus den Arbeitsblättern ein **Buch** zu **binden**. Da Kinder dieser Altersstufe sehr stark auf das Thema „Tiere" ansprechen, ergibt es sich von selbst, dass sie zusätzlich Bilder und Texte sammeln und eigene Eintragungen vornehmen, um „ihr" Buch auszuschmücken.

Gut geeignet und zeitsparend ist eine Spiralbindung. Dafür werden die Arbeitsblätter wischen zwei starke Deckel aus Fotokarton geheftet. Aber auch durch Zusammennähen der Seiten (→ Textiles Werken) lassen sich ansprechende Bücher herstellen.

Laufzettel

Damit die Schüler einen Überblick über ihre bereits erledigten Aufgaben behalten können, kann zur selbstständigen Dokumentation ihrer Arbeit ein Laufzettel eingesetzt werden. Die Symbole des Laufzettels sind identisch mit denen der jeweiligen Stationen, was den Kindern die räumliche und inhaltliche Orientierung erleichtert. Die Lehrkraft nummeriert die von ihr ausgewählten Stationen selbst sowie die entsprechenden Symbole des Laufzettels jeweils in den leeren Kreisen.

Zeitrahmen

Wir empfehlen einen Bearbeitungszeitraum von etwa drei Wochen.

Stationenüberblick

Tierverhalten im Winter Seite
So überwintern unsere einheimischen Tiere 7
Einen Winterschläfer kennen lernen – Der Igel 9
Einen Winterruher kennen lernen – Das Eichhörnchen ..10
Ein winterstarres Tier kennen lernen – Der Grasfrosch . 12
Ein winteraktives Tier kennen lernen – Der Fuchs 14
Noch mehr winteraktive Tiere kennen lernen –
 Standvögel 15
Vogelstimmen erkennen – Standvögel 17
Winterflüchter kennen lernen – Zugvögel 1 18
Winterflüchter kennen lernen – Zugvögel 2 20
Versteckte Tiere aufspüren 22
Tiere erkennen 23
Einen Tier-Steckbrief schreiben 27
Spuren lesen 28

Tiergeschichten zum Lesen und Schreiben
Tiergeschichten lesen 30
Eine Tiergeschichte richtig zusammensetzen 31

Seite
Eine Geschichte schreiben 33
Ein Gedicht vortragen 34
Ein Tiergedicht schreiben 35
Einen Text richtig schreiben üben 36
Einen Text schreiben üben 38

Tierbasteleien
Zu einem Gedicht ein Bild gestalten –
 Die drei Spatzen 39
Für Vögel Futter kochen 40
Eine Eulen-Laterne basteln 41
Ein Tier formen 42

Tiermusik
Ein Igel-Lied mit Instrumenten untermalen 43
Ein Raben-Lied begleiten 44

Tierquiz
Der große Preis 45

Materialliste und Anmerkungen zu den einzelnen Stationen

Die an mehreren Stationen erwähnten Lösungsblätter werden von der Lehrkraft erstellt: Die entsprechende Vorlage wird dazu einmal kopiert, richtig ausgefüllt und für die Schüler ausgelegt oder gehängt. Die mit **Z** gekennzeichneten Aufgaben sind Zusatzaufgaben.

Tierverhalten im Winter

Für die Sachkunde-Stationen sollte ein Informationstisch eingerichtet werden, auf dem eine Reihe Tier-Bestimmungsbücher zur Einsicht ausgelegt sind. Die Schüler bringen in der Regel auch sehr gerne Tierbücher von zu Hause mit. Es sollte sichergestellt sein, dass der vorbereitete Informationstisch die für die angebotenen Stationen nötigen Informationen und Abbildungen enthält, z. B. zum Fuchs und zu den Standvögeln.
Ein anschauliches Plakat (in diversen Ausführungen) für das Klassenzimmer ist „Einheimische Singvögel in Feld und Flur" vom Justus Perthes Verlag, Gotha. Darüber hinaus sind die Materialien „Amsel, Drossel, Fink und Star" vom Verlag an der Ruhr,
Mülheim, empfehlenswert. Sehr gute Erfahrungen haben wir mit den folgenden Heften der neuen Differix Klassenbibliothek des Cornelsen Verlags, Berlin, gemacht: „Das Eichhörnchen", „Der Igel", „Die Frösche", „Der Fuchs" und „Die Vögel". Im Klassenzimmer ausliegende Tierpuzzle, -bilder und -poster regen die Schüler unaufdringlich zur Beschäftigung mit dem Thema an.

So überwintern unsere einheimischen Tiere 7
 Bild-, Überschrift- und Textkarten in ausreichender Anzahl auf A3 vergrößert kopieren und jeweils ein komplettes Set ausgeschnittener Karten zusammenlegen.
 Eine Anmerkung zum Hamster:
 In diesem Themenheft wird der Hamster durchgängig als Winterruher bezeichnet. In einigen Quellen wird er auch mal als Winterschläfer bezeichnet. Für beide Einordnungen gibt es Gründe: Als Winterruher kann er gelten, da er regelmäßig den Winterschlaf unterbricht, um ein Luftloch in seinem Bau zu öffnen und v. a. um

| Seite |

von seinen Vorräten zu fressen (im Gegensatz zum klassischen Winterschläfer, dem Igel). Als Winterschläfer könnte der Hamster bezeichnet werden, da er während des Winterschlafs, anders als die anderen Winterruher, seine Körpertemperatur stark herabsenkt.

Einen Winterschläfer kennen lernen – Der Igel 9
  Arbeitsblatt für jeden Schüler kopieren

Einen Winterruher kennen lernen – Das Eichhörnchen 10
  Stationsblatt und Kopiervorlage für jeden Schüler kopieren. Der dritte Satz (S. 10) ist wegen der Schwarzweißabbildungen nicht zwingend einer Nummer zuzuordnen. Wichtig ist, dass die ersten drei Sätze richtig dem Herbstbild, also den Nummern 1, 2 und 3 zugeordnet werden.

Ein winterstarres Tier kennen lernen – Der Grasfrosch 12
  Stationsblatt und Kopiervorlage für jeden Schüler kopieren

Ein winteraktives Tier kennen lernen – Der Fuchs ... 14
  Arbeitsblatt für jeden Schüler kopieren; einige Kopien von Fuchsdarstellungen sollten zum Ausschneiden vorbereitet werden (s. erste Aufgabenstellung)

Noch mehr winteraktive Tiere kennen lernen – Standvögel 15
  Arbeitsblatt für jeden Schüler kopieren; Lösungsblatt vorbereiten

Vogelstimmen erkennen – Standvögel 17
  Kassette mit den vorgegebenen Vogelstimmen bespielen. Für Hörbeispiele empfiehlt sich das Bestimmungsbuch (128 S.) mit CD (60 Min.) „Alle Vögel sind schon da" von Jean Roché und Detlev Singer (Franckh-Kosmos-Verlag, ISBN 3-440-06989-3, für 19,80 DM).

Winterflüchter kennen lernen – Zugvögel 1 18
  Kopiervorlage für die Schüler kopieren

Winterflüchter kennen lernen – Zugvögel 2 20
  Schaubild vergrößert auf Pappe aufkleben und als Bearbeitungsgrundlage auslegen; Lösungsblatt mit korrekt ausgefüllter Tabelle vorbereiten

Versteckte Tiere aufspüren 22
  Arbeitsblatt für jedes Kind kopieren; Lösungen: Die drei gesuchten Winterruher sind der Hamster, das Eichhörnchen und der Dachs; die zwei Winterschläfer die Fledermaus und der Igel; die winterstarren Tiere sind der Grasfrosch, die Schnecke und die Eidechse; die winteraktiven Tiere sind der Buchfink, der Fuchs und die Amsel.

Tiere erkennen 23
  Kopiervorlage 1 und 2 für jedes Kind kopieren; die Kinder können selbst die Bildkarten und Namensschildchen ausschneiden; falls die Karten und Schildchen vorher schon ausgeschnitten werden, sollten die kompletten Sets z.B. jeweils in einen Briefumschlag getan werden, damit keine einzel-

| Seite |

nen Karten verloren gehen und die Karten-Bild-Zuordnung nicht unmöglich wird.

Einen Tier-Steckbrief schreiben 27
  Stationsblatt auslegen

Spuren lesen 28
  Aufgabenblatt und Kopiervorlage für jedes Kind kopieren

Tiergeschichten zum Lesen und Schreiben

Tiergeschichten lesen 30
  Hierfür sollte eine Lese-Kiste angelegt werden mit unterschiedlichen Texten zum Thema. Lesebücher und Texte aus zerschnittenen Büchern eignen sich hervorragend. Die Kinder können den Lesestoff in der Kiste mit Büchern und Texten von daheim vervollständigen. Evtl. Kassettenrekorder mit Mikrofon bereitlegen

Eine Tiergeschichte richtig zusammensetzen 31
  Kopien nur für Schüler, die diese Aufgabe machen möchten.

Eine Geschichte schreiben 33
  Kopien nur für Schüler, die diese Aufgabe machen möchten

Ein Gedicht vortragen 34
  Gedichtblatt für jeden Schüler kopieren oder jedes Gedicht vergrößert auslegen

Ein Tiergedicht schreiben 35
  Stationsblatt kopiert oder foliert auslegen; es bietet sich an, eine kleine Ausstellung der entstandenen und eventuell illustrierten Gedichte zu machen

Einen Text richtig schreiben üben 36
  Kopien nur für Schüler, die diese Aufgabe machen möchten; Lösungsblatt erstellen: Das Lösungswort lautet „Tierbuch". Die einzutragenden Wörter sind in dieser Reihenfolge: Tiere – Winter – Nest – Winterruher – Kobel – Kugel – Eichhörnchen – Hunger.

Einen Text schreiben üben 38
  Kopien nur für Schüler, die diese Aufgabe machen möchten

Tierbasteleien

Zu einem Gedicht ein Bild gestalten –
Die drei Spatzen 39
  Stationsblatt mehrfach kopieren, auf Pappe kleben oder folieren und als Arbeitsvorlage auslegen

Für Vögel Futter kochen 40
  Die Beschaffung der auf dem Stationsblatt genannten Materialien vorbereiten. Stationsblatt mehrfach kopieren, auf Pappe kleben oder folieren und als Arbeitsvorlage auslegen

Eine Eulen-Laterne basteln 41
  Kopien nur für Schüler, die diese Aufgabe machen möchten

	Seite		Seite
Ein Tier formen	42	Ein Raben-Lied begleiten	44

Zum Formen bieten sich alle mit den Händen knetbaren Materialien an: Ton, Lehm, Knetgummi, Modelliermasse, Salzteig, Kuchenteig ...

Tiermusik

Für die Musik-Stationen sollte ein Kassettenrekorder mit Mikrofon zur Verfügung stehen. Neben vielen anderen Möglichkeiten, können damit zum Beispiel die beiden Lieder vor Beginn der Stationenarbeit im Klassenverband gesungen und als Playback (2x) für jede Station aufgenommen werden.

Ein Igel-Lied mit Instrumenten untermalen 43
Das Igel-Lied fordert geradezu zu unterschiedlichen Begleitklängen auf: Regen: Kieselsteine, Regenstäbe, Holzperlen im Tamburin ... – Sturmwind: Stimmen, Pfeifen, Lotosflöte ... – Donner: Trommeln, dünne Metallplatten, Fußgetrampel ... – Schnee: Trommel mit Jazzbesen, feine Glockenbänder ...

Dieses Lied eignet sich am besten für melodische und rhythmische Begleitung: melodische Begleitung: f e f c (9x) + f (Abschluss) ((Noten s. beiliegende Vorlage)); Instrumente: Glockenspiel, Xylophon o. Ä. bereitstellen; rhythmische Begleitung: Guero, Claves o. Ä.

Tierquiz

Der große Preis 45
Tafelbild nach Vorlage. Aus Gründen der Übersichtlichkeit sollten für den Spielleiter (Lehrer oder ein Schüler) die beiden Seiten mit den zu den einzelnen Feldern gehörigen Fragen kopiert und zusammengeklebt werden. Das Spiel ist in Anlehnung an die vermutlich allgemein bekannte TV-Quizshow (früher moderiert von Wim Thoelke) entstanden.

Das Tafelbild (siehe unten)

Punkte	Tiere erkennen	winteraktive Tiere	Winterflüchter	Winterruher	Winterschläfer	winterstarre Tiere
20						
40						
60						
80						
100						

Zum Spielverlauf
Die Schüler werden in 2-3 gleich große Gruppen eingeteilt. Die Gruppen sollten Namen bekommen. Die Gruppennamen können aus den Anfangsbuchstaben der Mitglieder gebildete Fantasienamen sein, können aber auch „die wilde Meute" o. Ä. lauten. Jede Gruppe wählt einen Gruppensprecher. Während des Spiels dürfen Antworten nur nach vorheriger gemeinsamer Beratung und nur vom Gruppensprecher gegeben werden.
Reihum nennt jeweils der Gruppensprecher das Feld, zu dem seine Gruppe die Aufgabe lösen möchte, z. B.: „Winterflüchter 40". Der Spielleiter liest die zu dem genannten Feld gehörige Aufgabe (siehe Spielplan Seite 45 und 46) vor. Ist die richtige Antwort vom Gruppensprecher genannt worden, erhält die Gruppe in unserem Beispiel 40 Punkte. Der Name der Gruppe wird in das Feld an der Tafel geschrieben. Felder mit einem Schneemann statt einer Frage sind Jokerfelder. Die Punktzahl wird der Gruppe geschenkt, die das Feld aufgerufen hat. Auch hier wird der Gruppenname an der Tafel eingetragen. Das Spiel ist beendet, wenn alle Aufgaben gelöst sind. Wenn an einem Feld alle Gruppen gescheitert sind, wird dieses Feld durchgestrichen.

Anmerkung
Es empfiehlt sich, die Zeit für die Lösungsfindung zu begrenzen. Falsche Antworten können von der nächsten Gruppe oder vom Spielleiter korrigiert werden.

Spielvariante
Die Spannung kann gesteigert werden, indem manche Felder als Risikofelder markiert werden – für den Spielleiter, nicht an der Tafel, d. h., die Gruppen wissen vorher nicht, wo die Risikofelder sind. Vor Nennung der Aufgabe gibt der Spielleiter an, dass es sich um eine Risikoaufgabe handelt. Die Gruppe entscheidet nun gemeinsam, welche Punktzahl sie riskiert, die sich bei richtiger Antwort verdoppelt, dagegen bei falscher Antwort verloren geht.

Laufzettel von: ....

Die folgenden Stationen habe ich schon geschafft:

Tiere im Winter

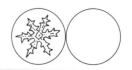

So überwintern unsere einheimischen Tiere

- Lies die Textkarten genau durch und ordne sie den passenden Bildern zu.
- Ordne die sechs Überschriftenkärtchen den passenden Text-Bild-Kartenpaaren zu.
- Klebe die Text- und Bildkarten mit ihrer Überschrift auf ein Blatt.

Tiere im Winter

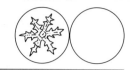

So überwintern unsere einheimischen Tiere

Diese Tiere vergraben oder verstecken sich in einem frostsicheren Versteck. Dort verfallen sie in einen totenähnlichen, starren Zustand. Im Frühjahr erwachen sie wieder durch die steigenden Lufttemperaturen. In sehr kalten Wintern aber erfrieren diese Tiere sehr oft. Schlangen, Schnecken, Kröten, Frösche, Eidechsen, Feuersalamander und alle Insekten überwintern auf diese Art.

Im Herbst verändern diese Tiere ihr Gefieder oder ihr Fell. Die Vögel bekommen unter ihrem normalen Federkleid zusätzlich dichte Flaumfedern (Daunen), und den Haartieren wächst eine dicke Unterwolle als Kälteschutz. Diese Tiere sind genau wie im Sommer auch im Winter damit beschäftigt, sich durch Jagen ihr tägliches Futter zu besorgen. Nur in sehr schneereichen Wintern müssen wir Menschen Futter für diese Tiere auslegen. Auf diese Art überwintern zum Beispiel das Reh, der Fuchs, der Hase und die Vögel, die den Winter über bei uns bleiben.

Diese Vögel verlassen das ganze Jahr über unsere Gegend nicht. Sie sind standorttreu und können von den Samen und Beeren leben, die sie an unseren Büschen und Bäumen finden. Nur in sehr strengen Wintern sollten wir ihnen Vogelfutter anbieten. Einige dieser Vögel sind: Amsel, Spatz, Buchfink, Gimpel, Zaunkönig und Blaumeise.

Diese Vögel verlassen in der kalten Jahreszeit unsere Gegend und flüchten in südliche Länder. Dort ist es wärmer und sie finden die Nahrung, die sie brauchen. Ihre Heimat ist aber bei uns, weil sie hier brüten und ihre Jungen aufziehen. Zu den Winterflüchtern gehören: Star, Schwalbe, Storch, Kuckuck, Nachtigall und der Gartenrotschwanz.

Diese Tiere sammeln im Herbst Vorräte für den Winter oder fressen sich einen Herbstspeck an. An einem geschützten Ort schlafen sie fast den ganzen Winter. Von Zeit zu Zeit wachen sie auf, um von ihren Vorräten zu fressen. Aber der Dachs zum Beispiel hat keine Vorräte und guckt, was vom Herbst noch übrig ist. Wenn es sein muss, können die meisten Winterruher schnell aufwachen. Dachs, Hamster, Eichhörnchen, Biber und Bär gehören zu diesen Tieren.

Diese Tiere fressen im Herbst so viel, dass sie eine dicke Fettschicht bekommen. Dann verkriechen sie sich in einem geschützten Versteck, in dem sie den ganzen Winter über schlafen. Sie brauchen sehr lange, um aus dem Winterschlaf zu erwachen, und reagieren noch nicht einmal auf Geräusche oder Berühren. Nur bei sehr großer Kälte wachen sie auf und suchen sich ein wärmeres Plätzchen. Murmeltiere, Siebenschläfer, die Haselmaus, der Igel und die Fledermaus überwintern so.

Tiere im Winter

Einen Winterschläfer kennen lernen
Der Igel

- Lies den Lückentext.
- Unter dem Text findest du die fehlenden Wörter. Trage sie an der richtigen Stelle im Lückentext ein.
- Male auf ein Blatt für dein Tierbuch einen Igel. Hier sind einige Vorschläge: ein Igel in seinem Winterversteck, ein Igel, der sich noch auf den Winter vorbereitet, ein Igel, der im Frühling aus seinem Versteck kommt, oder ...

Der Igel

Im _____ frisst sich der Igel eine dicke _____ an,

damit er die kalten _____ ohne Futter überstehen kann.

Bevor die Kälte kommt, sucht er sich einen trockenen, sicheren _____ .

Hier rollt er sich zusammen und hält seinen _____ .

Er dauert ungefähr _____ . In dieser Zeit _____

der Igel ganz _____ und sein _____ schlägt nur

noch sehr _____ . Dann lässt er sich auch nicht durch Geräusche

oder Berühren _____ .

Im _____ ist sein Herbstspeck fast ganz _____ .

Wintermonate – Herbst – langsam – Frühjahr – Fettschicht – Winterschlaf – aufwecken – fünf Monate – aufgebraucht – Unterschlupf – atmet – wenig – Herz

Tiere im Winter

Einen Winterruher kennen lernen
Das Eichhörnchen

Das Eichhörnchen verschläft einen großen Teil des Winters. Es wacht aber bei der Annäherung von Feinden schnell auf und unterbricht seine **Winterruhe** auch, um ab und zu von seinen Vorräten zu essen.

- Schau dir die Bilder auf dem Arbeitsblatt an.
- Schneide die Bilder und Sätze aus.
- Schreibe die Nummer der Bilder vor den richtigen Text und klebe beides auf.

Tierbücher helfen dir, dich genau über das Eichhörnchen zu informieren.

☐	Es sammelt Nüsse, Kerne, Kastanien und Samen und versteckt sie für den Winter.
☐	Das Eichhörnchen macht mit Halmen, Moos und Haaren sein Nest, den Kobel, winterfest und gemütlich.
☐	Das Eichhörnchen bekommt im Herbst ein dichtes, graubraunes Winterkleid.
☐	Es sucht seine versteckten Vorräte und isst sich satt, bevor es für eine ganze Weile weiterschläft.
☐	Erst wenn es Hunger hat, wird es wach und verlässt sein Nest.
☐	Zusammengerollt schläft das Eichhörnchen in seinem schützenden Kobel.

Tiere im Winter

Einen Winterruher kennen lernen
Das Eichhörnchen (Kopiervorlage)

Tiere im Winter

Ein winterstarres Tier kennen lernen
Der Grasfrosch

- Suche dir einen Partner. Lest euch gemeinsam den folgenden Text durch.
- Lest anschließend das Gespräch zwischen Frau und Herrn Frosch mit verteilten Rollen.
- Spielt diese kleine Szene euern Klassenkameraden vor.

Auf feuchten Wiesen und in feuchten Wäldern findet man oft den Grasfrosch. Er ist bei uns die häufigste Froschart. Er wird etwa 10 cm groß und kann bis zu 1 m weit springen.

Im Herbst sucht er einen Ort, an dem es den Winter über keinen Frost gibt, also wo es nicht unter null Grad kalt wird. Das kann zum Beispiel im Schlamm eines Teiches oder unter einem Baumstumpf sein. Dort fällt der Grasfrosch in die **Winterstarre**: Er atmet dann nur noch sehr langsam über die Haut, sein Herz schlägt ganz langsam und er bewegt sich nicht mehr.

Im Februar oder März sucht er Teiche oder Seen, um sich fortzupflanzen. Ähnlich wie der Frosch verbringen Schlangen, Schnecken und Eidechsen den Winter.

Tiere im Winter

Ein winterstarres Tier kennen lernen
Der Grasfrosch (Kopiervorlage)

Herr Frosch: Nun komm doch! Du kannst hier nicht länger hocken bleiben! Es wird bald den ersten Frost geben.

Frau Frosch: Ach, lass mich noch eine Weile! Die Steine sind noch so schön warm und das Wasser glitzert im letzten Tageslicht.

Herr Frosch: Ja, jetzt noch. Aber die Nächte sind schon richtig kalt. Wir müssen an den Winter denken.

Frau Frosch: Papperlapapp! Winter! Ich will mich nicht in den Schlamm eingraben oder irgendwo unterkriechen. Diesen Winter nicht! Ohne zu essen und ohne mich zu bewegen: mo – na –te – lang ... ganz starr! Fast wie eingefroren. Nein, ich will das nicht! Ich will nicht!!!

Herr Frosch: Oh, welcher Leichtsinn! Sei nicht so dumm! Wenn du hier bleibst, wirst du einfrieren wie ein Eiswürfel und der nächste Frühling findet ohne dich statt. Willst du das vielleicht? Außerdem: Wenn du im Winter nicht rumhüpfen kannst so kannst du doch in aller Ruhe deine Gedanken spazieren gehen lassen und vom Frühling träumen, vom Licht und von Froschkonzerten.

Frau Frosch: Du hast ja Recht! Lass uns einen Platz für den Winter suchen, an dem es nicht friert. Aber bitte erzähl mir eine Frühlingsgeschichte, die mich ganz schnell zum Träumen bringt.

Tiere im Winter

Ein winteraktives Tier kennen lernen
Der Fuchs

Der Fuchs bekommt im Herbst ein dichteres Fell. Ansonsten lebt er im Winter genauso wie in den wärmeren Jahreszeiten. Er hält keinen Winterschlaf und keine Winterruhe.

Versuche mit den Büchern auf dem Informationstisch die folgenden Fragen über den Fuchs auf einem Blatt zu beantworten:

- Wie sieht ein Fuchs eigentlich aus?
  Male oder klebe das Bild eines Fuchses auf das Blatt.

- Was frisst ein Fuchs?

- Wie sieht ein Fuchsbau aus? Zeichne ihn ebenfalls auf das Blatt.

Tiere im Winter

Noch mehr winteraktive Tiere kennen lernen
Standvögel

Einige Vögel bleiben das ganze Jahr über, auch im Winter, bei uns. Sie werden **Standvögel** genannt. Man kann sie auch **Jahresvögel** nennen.

Wenn es kalt wird, wachsen den **Standvögeln** unter ihrem normalen Gefieder viele dichte Flaumfedern, die auch Daunen genannt werden. Durch die feinen Daunen entstehen Luftpolster. Diese werden durch die Körperwärme des Vogels erwärmt. Jetzt wärmt das Gefieder den Vogel den Winter über wie eine Steppdecke. Wenn es sehr kalt ist, verstecken die Vögel auch noch Füße und Schnabel in ihrem Federkleid.

Auf dem Arbeitsblatt findest du sechs **Standvögel**, die häufig bei uns vorkommen.

- Schneide die Namensschilder und die Vogelkarten aus.
- Ordne jedem Vogel den richtigen Namen zu. Klebe die Vogelkarten mit den richtigen Namensschildchen auf ein Blatt.
- Vergleiche mit dem Lösungsblatt.
- Male die Vögel so an, wie sie in der Natur aussehen.

Tiere im Winter

Noch mehr winteraktive Tiere kennen lernen
Standvögel (Kopiervorlage)

Buchfink	Sperling/Spatz
Blaumeise	Gimpel/Dompfaff
Amsel	Zaunkönig

16 © Cornelsen Verlag Scriptor, Berlin • Lernen an Stationen • Themenheft »Tiere im Winter«

Tiere im Winter

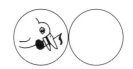

Vogelstimmen erkennen
Standvögel

Im Winter singen bei uns nicht so viele Vögel wie im Sommer, weil die Zugvögel zum Überwintern in den Süden geflogen sind. Deshalb ist es in der kalten Jahreszeit nicht so schwer, die Stimmen der **Standvögel** zu unterscheiden.

- Auf der Kassette hörst du sechs Vogelstimmen. Sie gehören der Reihe nach zu den abgebildeten Vögeln.

- Höre die Kassette an mehreren Tagen an, bis es dir gelingt, die Stimmen sicher zu erkennen.

1. Buchfink

2. Sperling/Spatz

3. Gimpel/Dompfaff

4. Amsel

5. Blaumeise

6. Zaunkönig

Tiere im Winter

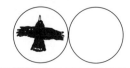

Winterflüchter kennen lernen
Zugvögel 1

Vögel, die im Herbst nicht mehr genügend Futter bei uns finden und in wärmere Länder fliegen, heißen **Zugvögel**.
Sie haben aber ihre Heimat bei uns, weil sie hier Nester bauen und ihre Jungen aufziehen.
Auf dem Arbeitsblatt findest du sechs **Zugvögel**.

- Schneide die Namensschilder und die Vogelkarten aus.

- Ordne jedem Vogel den richtigen Namen zu. Klebe die Vogelkarten mit den richtigen Namensschildchen auf ein Blatt.

- Vergleiche mit dem Lösungsblatt.

- Male die Vögel so an, wie sie in der Natur aussehen.

Tiere im Winter

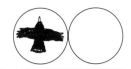

Winterflüchter kennen lernen
Zugvögel 1 (Kopiervorlage)

Gartenrotschwanz	Nachtigall
Rauchschwalbe	Star
Storch	Kuckuck

Tiere im Winter

Winterflüchter kennen lernen
Zugvögel 2

Das Schaubild zeigt dir, in welcher Gegend unserer Erde einige Vögel aus unserer Heimat überwintern.

- Fülle die Tabelle aus.
- Vergleiche mit dem Lösungsblatt.

Vogel	Zeitraum des Abfluges	Ziel im Winter	Zeitraum der Rückkehr	Länge der einfachen Flugstrecke
Star				3000 km

Tiere im Winter

Winterflüchter kennen lernen
Zugvögel 2 (Schaubild)

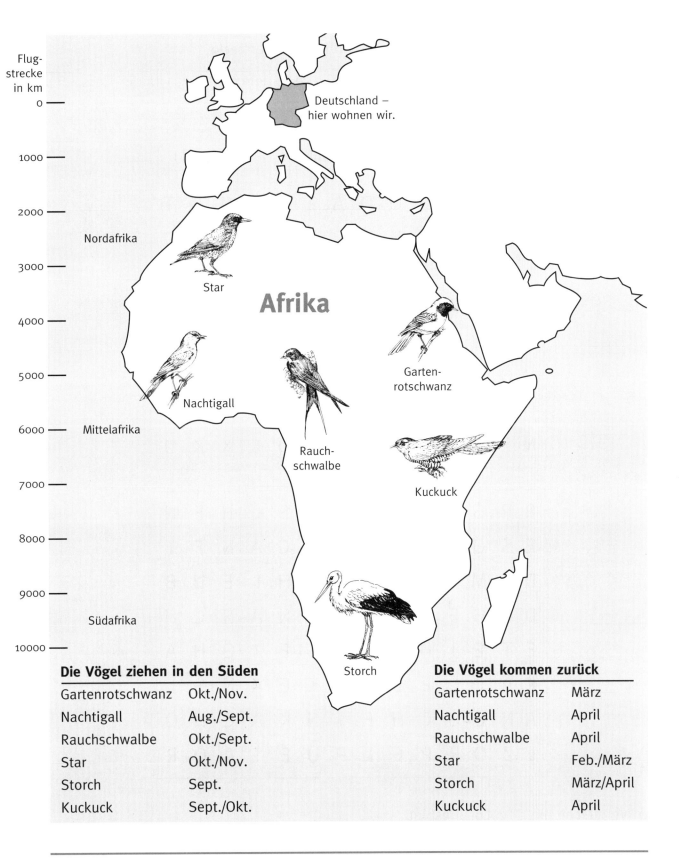

Die Vögel ziehen in den Süden		Die Vögel kommen zurück	
Gartenrotschwanz	Okt./Nov.	Gartenrotschwanz	März
Nachtigall	Aug./Sept.	Nachtigall	April
Rauchschwalbe	Okt./Sept.	Rauchschwalbe	April
Star	Okt./Nov.	Star	Feb./März
Storch	Sept.	Storch	März/April
Kuckuck	Sept./Okt.	Kuckuck	April

Tiere im Winter

Versteckte Tiere aufspüren

In den Buchstabenfeldern sind die Namen von Tieren versteckt.

- Suche die Namen und male sie farbig an. Trage in dein Heft ein, wie die Tiere, die du gefunden hast, den Winter verbringen.
- Oben sind drei Winterruher und zwei Winterschläfer versteckt.
  Unten sind drei winterstarre und drei winteraktive Tiere versteckt.

```
I G L A C O D A E S H B E T
K E I C H H Ö R N C H E N D
L Ö K L A M P E N J A S G O
O X H A M S T E R J A U I R
W Z O R P E L P U N T M G P
M Ö H L I D A C H S T E E L
U F L E D E R M A U S O L A
N E T T O R R E U D E X K U
```

```
R P G R A S F R O S C H E N
E S O F I O K L I C A N F T
D A M S E L T Z O H L E U B
D L H E T D Ö C H N A S C H
E T E I D E C H S E T Ö H A
K A L L E S E L K C A N S L
A N B U C H F I N K A C H O
L Z O R P E L P U E T A O R
```

- Vergleiche mit dem Lösungsblatt

Tiere im Winter

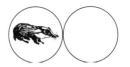

Tiere erkennen

Du kennst sicher viele der Tiere, die auf den beiden Arbeitsblättern abgebildet sind.

- Schneide die Bilder und die Namensschilder aus.

- Ordne jedem Tier seinen Namen zu. Wenn du nicht weiter weißt, helfen dir die bereitgelegten Bücher sicher weiter!

- Überlege dir, wie du die Tiere sinnvoll ordnen könntest.
  Jede Art der Einteilung ist richtig.

- Wenn dir gefällt, wie du geordnet hast, klebe die Bilder zusammen mit den Namensschildern auf ein Blatt.

- Male die Tiere so an, wie sie in der Natur aussehen.

Tiere im Winter

Tiere erkennen (Kopiervorlage 1)

Fuchs – winteraktiv	Specht – Standvogel
Kröte – winterstarr	Eidechse – winterstarr
Siebenschläfer – Winterschläfer	Kuckuck – Zugvogel

Tiere im Winter

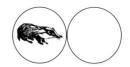

Tiere erkennen (Kopiervorlage 2)

Wolf – winteraktiv	Reh – winteraktiv
Dachs – Winterruher	Storch – Zugvogel
Igel – Winterschläfer	Schlange – winterstarr

Tiere im Winter

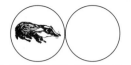

Tiere erkennen (Kopiervorlage 3)

Fledermaus – Winterschläfer	Schnecke – winterstarr
Hase – winteraktiv	Braunbär – Winterruher
Eichhörnchen – Winterruher	Elster – Standvogel

Tiere im Winter

Einen Tier-Steckbrief schreiben

- Wähle ein Tier, das bei uns im Garten, im Wald, im Park oder auf Wiesen lebt.
- Fertige zu diesem Tier einen Steckbrief an. Kümmere dich dabei besonders ausführlich um sein Winterverhalten.

Das heißt:
- Beschreibe das Tier so genau, dass es mit keinem anderen verwechselt werden kann.
- Die bereitgelegten Bücher helfen dir dabei.
- Lies in deiner Klasse den Steckbrief vor, ohne zu sagen, wie dein Tier heißt.
- Wenn deine Mitschüler dein Tier erkennen, ist deine Beschreibung sehr gut gelungen.

So könntest du beginnen: „Gesucht wird ein Tier, das ..."

Tiere im Winter

Spuren lesen

Wenn es frisch geschneit hat, kannst du ganz deutlich erkennen, wer durch den Schnee gegangen ist.

- Vergleiche diese Spuren mit denen auf dem nächsten Bild. Schneide die Reihe Tierbilder unten an der nächsten Seite ab.

- Lege die Reihe unten auf dieser Seite aus. Schneide dann die einzelnen Tierbilder auseinander und lege sie zu den passenden Spuren auf dem Bild.

- Vergleiche mit dem Lösungsblatt und klebe die Bildchen auf die richtigen Spuren.

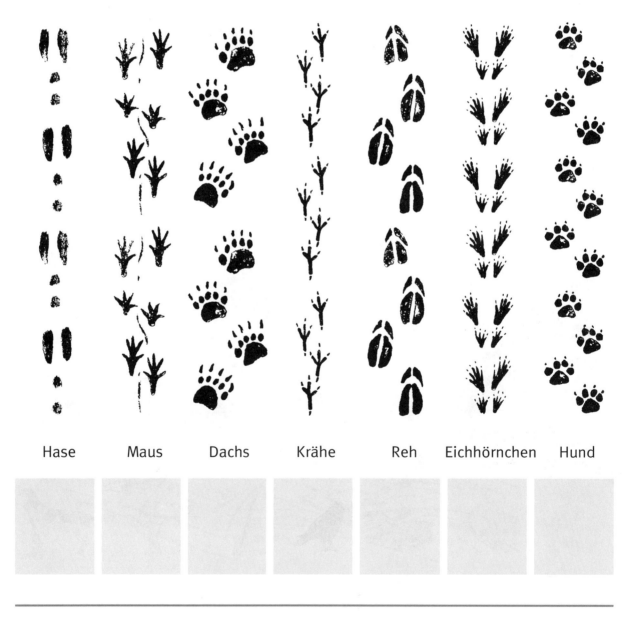

Hase   Maus   Dachs   Krähe   Reh   Eichhörnchen   Hund

Tiere im Winter

Spuren lesen (Kopiervorlage)

© Cornelsen Verlag Scriptor, Berlin • Lernen an Stationen • Themenheft »Tiere im Winter«

Tiere im Winter

Tiergeschichten lesen

■ Wähle aus den Geschichten eine Geschichte aus und übe sie zu lesen.

■ Lies die Geschichte in der Klasse vor oder sprich sie auf eine Kassette.

Übrigens: Manche Geschichten lassen sich auch gut zusammen mit anderen Kindern vortragen. Man kann zum Beispiel mit verteilten Rollen lesen.

Tiere im Winter

Eine Tiergeschichte richtig zusammensetzen

Die Geschichte auf dem Arbeitsblatt ist durcheinander geraten.

- Schneide die Textteile aus.
- Bring die Sätze in eine sinnvolle Reihenfolge.
- Klebe die Geschichte auf oder schreibe sie ab.

Lösung:

Igel und Maulwurf

Der Igel spürte, dass der Winter nahte. Er hatte für die kalte Jahreszeit noch kein warmes, trockenes Plätzchen gefunden.
Da lief ihm der Maulwurf über den Weg.
„Kannst du mir ein Eckchen von deiner Höhle abtreten, in dem ich vor der grimmigen Kälte des Winters geschützt bin?", fragte der Igel.
Der Maulwurf brachte es nicht fertig, dem Igel diese Bitte abzuschlagen, und ließ ihn einziehen.

Der Igel machte es sich bequem und schlief sofort ein. Doch der Maulwurf bereute sofort seine Gutmütigkeit, denn er stieß sich unentwegt an den spitzen Stacheln des Igels.
Er weckte den Igel und bat ihn: „Bitte, such dir einen anderen Schlafplatz! Meine Höhle ist zu eng für uns beide."
Der Igel lachte und meinte: „Wem es hier nicht gefällt, der sollte gehen. Ich fühle mich sehr wohl und bleibe."

Tiere im Winter

Arbeitsblatt
Eine Tiergeschichte richtig zusammensetzen

Igel und Maulwurf

„Kannst du mir ein Eckchen von deiner Höhle abtreten, in dem ich vor der grimmigen Kälte des Winters geschützt bin?", fragte der Igel.

Der Igel spürte, dass der Winter nahte. Er hatte für die kalte Jahreszeit noch kein warmes, trockenes Plätzchen gefunden.
Da lief ihm der Maulwurf über den Weg.

Der Igel lachte und meinte: „Wem es hier nicht gefällt, der sollte gehen. Ich fühle mich sehr wohl und bleibe."

Er weckte den Igel und bat ihn: „Bitte, such dir einen anderen Schlafplatz! Meine Höhle ist zu eng für uns beide."

Der Igel machte es sich bequem und schlief sofort ein.
Doch der Maulwurf bereute sofort seine Gutmütigkeit, denn er stieß sich unentwegt an den spitzen Stacheln des Igels.

Der Maulwurf brachte es nicht fertig, dem Igel diese Bitte abzuschlagen und ließ ihn einziehen.

Tiere im Winter

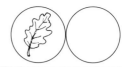

Eine Geschichte schreiben

- Betrachte die beiden Bilder mit den Nummern 2 und 3 und überlege dir, was auf den fehlenden Bildern 1 und 4 passieren könnte.
- Male die fehlenden Bilder in die Kästchen.
- Schreibe zu den Bildern eine Geschichte. Denk auch an eine Überschrift.
- Leg deinen Text deinem Lehrer/deiner Lehrerin zum Durchlesen vor.

Tiere im Winter

Ein Gedicht vortragen

- Lies dir die drei Gedichte auf dem Arbeitsblatt durch.
- Wähle eines aus, das du in der Klasse vorstellen möchtest. Du kannst das Gedicht gut lesen üben, du kannst es aber auch auswendig lernen.
- Trage die Verse so vor, dass deine Stimme und deine Körperbewegungen zum Text passen.

Das Reh

Das braune Reh, das zarte Reh,
geht auf zwei Zehen durch den Schnee.
Du siehst in diesen Wochen
die Tritte wie gestochen.

Beobachtung

Zarte, feine
klitzekleine
Spuren findest du im Schnee?
Zarte, feine
klitzekleine
Spuren – die sind nicht vom Reh!

Diese krickel
krackel Grüße
schrieb ein andrer Gast hierher:
Zickel zackel
Vogelfüße –
schau: Dort sind schon keine mehr.

Denn nur eben
fast im Schweben
hüpfte, pickte er im Lauf –
und
mit einem Sprunge,
Schwunge
flog er zu den Wolken auf.

Max Kruse

Was machen Frösche, Eidechsen, Schlangen und Schnecken im Winter?

Ihre Körper kühlen ab,
und die Muskeln werden ganz starr.
Dann können sie sich
nicht mehr bewegen
und atmen kaum noch.
Der Frosch vergräbt sich
zusätzlich im Schlamm des Teiches.
Die Schnecke verschließt ihr Häuschen
mit Schleim.
Dieser Schleim wird schnell hart
und dichtet so den Eingang gut ab.
Die Schlangen legen sich eng aneinander
unter einen Stein
und wärmen sich gegenseitig.
Wenn der Frühling kommt
und es wieder wärmer wird,
erwärmen sich die Körper der Tiere.
Bald wachen sie auf
und suchen sich etwas zu fressen.

Catherine de Sairigné

Tiere im Winter

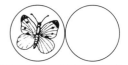

Ein Tiergedicht schreiben

Es gibt viele Gedichte über Tiere im Frühling, aber nur wenige erzählen von Tieren im Winter. Da kannst du sicher aushelfen. So gelingt dir ein Gedicht über ein Tier, das bei uns überwintert:

- Suche dir ein Tier aus. Notiere seinen Namen.
- Wie bereitet sich dieses Tier auf den Winter vor? Auf welche Art und Weise verbringt dieses Tier den Winter? Schreibe nur 5–8 Wörter dazu auf.
- Bilde mit jedem dieser Wörter einen Satz.
- Bringe die Sätze in eine Reihenfolge, die dir gefällt.
- Lies deine Sätze. Klingen sie nicht wie ein Gedicht?
- Schreibe dein Gedicht auf ein Blatt. Wenn du magst, kannst du das Blatt noch ausschmücken.
- Alle, die ein Gedicht geschrieben haben, können ihre Gedichtblätter zusammen im Klassenzimmer aufhängen. Das gibt eine schöne Gedicht-Ausstellung zum Thema „Tiere im Winter".

Ein Tiergedicht schreiben

Tiere im Winter

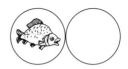

Einen Text richtig schreiben üben

- Lies den Text auf dem Arbeitsblatt gut durch.
- Löse anschließend das Rätsel und schreibe das Lösungswort unten auf das Arbeitsblatt.
- Unterstreiche die Wörter in dem Text, die für dich schwirig sind.
- Lass dir diese Wörter mehrmals in der Woche von jemandem diktieren.
- Wenn du meinst, du kannst den ganzen Text sicher schreiben, dann lass ihn dir von jemandem als Diktat geben.

Tiere im Winter

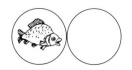

Einen Text richtig schreiben üben – Arbeitsblatt

Das Eichhörnchen

Martina entdeckt hoch oben im Baum ein Nest. Es ist groß und rund wie eine Kugel. Zu Hause schaut sie im Tierbuch nach.
Das Nest gehört einem Eichhörnchen und wird Kobel genannt.
Martina liest weiter: Im Winter schläft das Eichhörnchen viel und wacht nur auf, wenn es Hunger hat.
Solche Tiere nennt man Winterruher.

■ Löse das Rätsel: Die gesuchten Wörter sind nur Namenwörter (Substantive) und stehen alle im Text.

Lösungswort: _____

Tiere im Winter

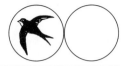

Einen Text schreiben üben

- Lies den Text mehrmals gut durch.
- Unterstreiche alle Namenwörter (Substantive).
- Fertige auf einem Blatt eine Tabelle an, in die du die unterstrichenen Wörter mit Begleiter (Artikel) in der Einzahl und in der Mehrzahl einträgst.
- Schreibe die Wörter, die du schwierig findest, heraus, und übe sie.
- Wenn du glaubst, den Text sicher schreiben zu können, lass ihn dir vom Lehrer/von der Lehrerin oder von einer Kassette diktieren.

Die Schwalben

Jedes Jahr im Herbst treten viele Vögel ihre große Reise in wärmere Länder an. Dort gibt es für sie auch im Winter ausreichend Nahrung. Auch die Schwalben fliegen in den Süden.
Ende März hat Peter beobachtet, dass die Schwalben wieder da waren. Sie bauen ihre Nester unter dem Stalldach. Manchmal sieht Peter den Schwalben im Kuhstall dabei zu: Sie flogen ohne Pause hin und her und mauerten die Nester aus feuchtem Lehm.
Niemand hat sie verscheucht oder gestört.
Schwalben ernähren sich nicht nur von Mücken, Käfern und Schmetterlingen, sondern auch von Fliegen. Davon wimmelt es hier im Stall.
Peter denkt: „Hoffentlich kommen die Schwalben jedes Jahr im Frühling wieder zurück zu uns."

Tiere im Winter

Zu einem Gedicht ein Bild gestalten
Die drei Spatzen

- Gestalte ein Bild zu diesem Gedicht
    - mit Wasserfarben oder
    - mit Bunt- oder Wachsstiften oder
    - als Reißarbeit. *Das geht so: Zuerst zeichnest du die Umrisse der Spatzen. Dann reißt du von Zeitungspapier kleine Schnipsel ab und klebst diese halb in die Spatzenumrisse. Wenn du anschließend die nicht festgeklebten Enden der Schnipsel nach oben biegst, sehen die Spatzen aus, als hätten sie ein aufgeplustertes Federkleid.*

Die drei Spatzen

In einem leeren Haselstrauch,
da sitzen drei Spatzen, Bauch an Bauch.

Der Erich rechts und links der Franz
und mittendrin der freche Hans.

Sie haben die Augen zu, ganz zu,
und obendrüber, da schneit es, hu!

Sie rücken zusammen dicht, ganz dicht.
So warm wie der Hans hats niemand nicht.

Sie hörn alle drei ihrer Herzlein Gepoch.
Und wenn sie nicht weg sind, so sitzen sie noch.

Christian Morgenstern

Tiere im Winter

Für Vögel Futter kochen

In sehr kalten, schneereichen Wintern kannst du unsere einheimischen Vögel mit einer Futterglocke erfreuen.

Dafür brauchst du:
- einen Blumentopf aus Ton,
- einen Stock, der gerade durch das
- Loch im Topf passt,
- ein Stück dicke Schnur,
- 250 g Rindertalg aus der Metzgerei,
- 5 Esslöffel Vogelfutter,
- einen Kochtopf,
- einen Rührlöffel.

- Binde die Schnur an den Stock. Zieh die Schnur durch das Loch im Blumentopf und stecke den Stock in das Loch.

- Erhitze den Rindertalg im Topf, bis er weich und fast flüssig ist. Achtung! Fett wird sehr heiß!!!

- Lass das Fett abkühlen, bis es anfängt, wieder fest zu werden. Wenn das Fett wachsweich ist, rührst du das Vogelfutter ein.

- Fülle die fast feste Fettmasse in den Blumentopf. Achte darauf, dass der Stock in der Mitte gerade steht!

- Damit du die Vögel beobachten kannst, hänge den Futtertopf an einen gut sichtbaren Platz.

- **Z** Fotografiere die Vögel an deiner Futterglocke und klebe das Foto in dein Tierbuch.

Tiere im Winter

Eine Eulen-Laterne basteln

Die Eule ist ein Nachtvogel, der sich tagsüber meist versteckt. Sie bleibt den Winter über bei uns. Hast du Lust, eine Eulen-Laterne für die dunklen Wintermonate zu basteln?

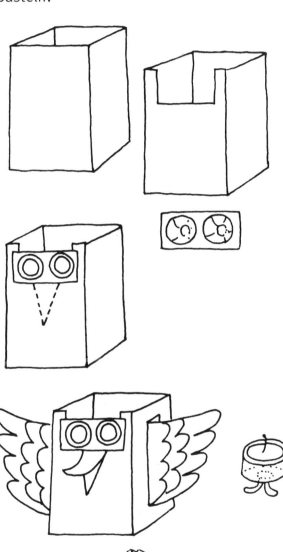

- Du brauchst einen hohen Karton, der oben offen ist.
- Schneide auf der Vorderseite oben ein Rechteck aus und klebe zwei Felder eines Eierkartons in die Lücke.
- Schneide die Augen aus.
- Schlitze mit einem spitzen Messer Winkel in den Karton und biege die Spitzen nach oben.
- Klebe aus fester Pappe seitlich Flügel an den Eulenkörper.
- Male die Eule mit deckender Farbe an.
- Befestige mit einer Musterklammer am Boden der Eule ein Teelicht.
- Wenn du seitlich eine Schnur befestigst, hast du eine Laterne zum Tragen.

Tiere im Winter

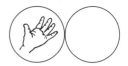

Ein Tier formen

- Forme aus dem bereitstehenden Material das Tier, das du in deinem Steckbrief beschrieben hast oder beschreiben willst.
- Stelle mit deiner Klasse oder einer Gruppe eine Tier-Ausstellung zusammen.
- Ladet zu dieser Ausstellung Mitschüler anderer Klassen ein und informiert über eure Tiere.

Tiere im Winter

Ein Igel-Lied mit Instrumenten untermalen

- Suche dir 2–3 Partner.
- Lest den Liedtext.
- Gestaltet mit Instrumenten und Materialien eine Begleitmusik zu mindestens einer Strophe. Ihr könnt aufschreiben, wie ihr eure Musik begleitet:

Instrumente	Ablauf

- Spielt eure Musik im Klassenverband vor. Singt oder sprecht den Text dazu.

Winterschlaf

Melodie: nach einer schwedischen Volksweise
Text: K. W. Hoffmann

Kleine Igel schlafen gern den ganzen Winter lang.
1. Wenn sie Regen hören, kann sie das nicht stören.
Denken: Was soll das schon sein? Und schlafen wieder ein.

2. Wenn sie Sturmwind hören, …
3. Wenn sie Donner hören, …
4. Wenn sie Schneefall hören, …

Tiere im Winter

Ein Raben-Lied begleiten

- Suche dir 2–3 Partner.
- Übt die Begleitung des Raben-Liedes auf dem Glockenspiel, dem Xylophon oder auf den Klangbausteinen.
- Denkt euch eine rhythmische Begleitung aus (Triangel/Tamburin …).
- Falls ihr Lust habt, bastelt euch aus Fotokarton, Eierkarton und Gummiband einen Raben-Schnabel.
- Spielt die Begleitmusik zur Kassette.

Der Rabe im Winter

Worte: Ludwig Schuster
Weise: Hans Lang

1. Rab rab rab, ich schrei, weil ich nichts hab. Krah krah krah, es ist kein Futter da, kein Wurm, kein Kern, kein En-ger-ling, was bin ich für ein ar-mes Ding! Nur Schnee, nur Schnee, nur Schnee und Hun-ger tut so weh!
2. Rab rab rab, gebt ei-ne mil-de Gab! Krah krah krah, denn sonst er-frier ich ja! Weil ich ein ar-mer Vo-gel bin, so streut mir ein paar Brok-ken hin, er-barmt euch mei-ner Pein, ich will euch dank-bar sein.

Begleitung: 9 x

Tiere im Winter

Der große Preis

Punkte	Tiere erkennen	winteraktive Tiere	Winterflüchter
20	Es ist ein kleines Tier. Bei Gefahr macht es sich rund wie ein Ball.	Das Wort aktiv heißt „tätig" sein. Erkläre den Begriff „winteraktiv".	Was verstehst du unter dem Begriff „Winterflüchter"?
40	Es ist braun, sehr flink, frisst Nüsse und Kerne. Es hat ein rundes Nest im Baum.		Warum flüchten einige Tiere im Winter in andere Länder?
60	Es ist ein Zugvogel. Er legt seine Eier in fremde Nester. Wir kennen ihn aus einem Lied. Wenn er schreit, wünschen wir uns etwas.	Wann müssen wir den winteraktiven Tieren Nahrung, d. h. Vogelfutter, Heu, Kastanien bereitstellen?	Bei den Vögeln gibt es Stand- und Zugvögel. Erkläre beide Begriffe und nenne zu jeder Art einen Vogel.
80		Sobald es kalt wird, stellen sich die Tiere, die bei uns bleiben, mit einem „Winterkleid" darauf ein. Wie geschieht das beim Fuchs und wie bei einem Vogel?	
100	Auch wir Menschen richten uns auf den Winter ein. Nenne 3 Beispiele. Sind wir winteraktiv, winterstarr, Winterflüchter, Winterruher oder Winterschläfer?	In Gärten und Wiesen lebt das große Wiesel, auch Hermelin genannt. Es hat im Sommer ein braunes, im Winter ein weißes Fell. Wozu verändert sich im Winter das Fell?	Zugvögel ernähren sich in der Hauptsache von Insekten. 1. Erkläre, warum sie sich im Winter bei uns nicht ausreichend ernähren können. 2. Wo ist die Heimat eines Zugvogels? Erkläre!

Tiere im Winter

Der große Preis

Winterruher	Winterschläfer	Winterstarre Tiere
Erkläre den Unterschied zwischen Winterruher und Winterschläfer.	Es gibt ein Pelztier, dessen Name schon verrät, dass es ein Winterschläfer ist.	Was verstehst du unter Winterstarre?
Der Hamster ist ein Winterruher. Wie übersteht er den Winter?	Eichhörnchen und Hamster sammeln Vorräte, von denen sie im Winter fressen können. Wovon lebt der Igel im Winter?	Was kann bei sehr großer Kälte mit einem winterstarren Tier passieren?
	Nenne drei typische Winterschläfer!	
1. Nenne 2 Winterruher! 2. Beschreibe ihre Wohnungen!	Singt gemeinsam das Igel-Lied vor.	Beschreibe, wo und wie der Frosch den Winter übersteht!
Vor der Winterruhe muss das Eichhörnchen zwei Dinge tun. 1. Nenne Sie! 2. In der Nähe eines Eichhörnchens wachsen oft junge Bäume. Erkläre!		Insekten (Fliegen, Läuse, Käfer, Mücken, Spinnen) überstehen den Winter meist nicht. Dafür aber ihre Eier, Puppen und Larven. Warum freuen sich Gärtner und Bauern in Bezug auf Ungeziefer auf einen strengen Winter.

Tiere im Winter

Der große Preis – Lösungen

Punkte	Tiere erkennen	winteraktive Tiere	Winterflüchter
20	Igel	Sich im Winter frei draußen bewegen und nach Nahrung suchen.	Ein Tier, das vor dem harten Winter im Norden nach Süden flüchtet.
40	Eichhörnchen		Weil im Süden die Winter wärmer sind und mehr Nahrung bieten.
60	Kuckuck	Nur in sehr kalten, schneereichen Wintern.	Standvögel bleiben im Winter hier, z. B. Amsel, Spatz, Eule. Zugvögel ziehen im Winter in den Süden, z. B. Storch, Kuckuck, Star.
80		Der Fuchs kriegt ein dichteres Fell. Dem Vogel wachsen zusätzliche Daunenfedern und er kann sich aufplustern.	
100	Wir sind winteraktiv. Wir richten uns auf den Winter ein, z. B. indem wir warme Kleidung anziehen, Wohnräume heizen, Obst einkochen, am Auto Winterreifen aufziehen, den Garten winterfest machen.	Zum Schutz vor Feinden, zur besseren Tarnung: Das Hermelin ist in der weißen Winterlandschaft mit weißem Fell kaum zu sehen. Im Sommer ist ein braunes Fell unauffälliger.	1. Bei uns sind die Insekten in der Winterstarre. 2. Die Heimat ist dort, wo die Brut aufgezogen wird.

Tiere im Winter

Der große Preis – Lösungen

Winterruher	Winterschläfer	Winterstarre Tiere
Winterschläfer fressen sich eine Fettschicht an, senken ihre Körpertemperatur und verschlafen den Winter. Winterruher schlafen meist, ohne ihre Körpertemperatur zu senken. Sie wachen häufig während des Winters auf, um zu fressen.	Siebenschläfer	Insekten, Schnecken, Frösche und andere Tiere fallen im Winter in die Winterstarre. Dabei sind sie völlig bewegungsunfähig, das Herz schlägt sehr selten, die Atmung ist sehr langsam.
Der Hamster legt sich im Herbst Vorräte an. Nach Wintereinbruch beginnt er seinen Winterschlaf, den er öfter unterbricht, um von seinen Vorräten zu fressen.	Er frisst im Herbst so viel, dass er eine dicke Fettschicht kriegt. Bis zum Frühjahr lebt er von diesem Herbstspeck, ohne irgendwelche andere Nahrung zu sich zu nehmen.	Es kann erfrieren.
	Igel, Murmeltier, Fledermaus, Siebenschläfer, Haselmaus.	
Eichhörnchen bauen sich einen Kobel. Hamster, Biber und Dachs leben in einem Bau. Bären überwintern z. B. in Höhlen.	Singt gemeinsam das Igellied.	Der Frosch sucht sich einen Ort, an dem es den Winter über nicht friert, z.B. Schlamm im Teich. Dort fällt er in die Winterstarre.
1. Es muss seinen Kobel bauen und Vorräte sammeln. 2. Das Eichhörnchen sammelt in Bodengruben Vorräte an Nüssen und Eicheln, findet aber nicht alle Gruben wieder. Seine „Vorräte" sind ja auch Baumsamen. Die vergessenen Vorräte werden bald zu jungen Bäumen.		Weil in einem strengen Winter auch die Larven und Puppen vieler Insekten sterben, die Bauern und Gärtner als Schädlinge ansehen.